# 100
인생그림책

하이케 팔러 / 발레리오 비달리 / 김서정

사계절

0
난생 처음 네가 웃었지.
널 보는 이도 마주 웃었고.

1/2
손 가까이 있는 건
뭐든 붙잡는구나.

1
하지만 손에서 놓으면
바닥으로 떨어져버리지.
그게 중력이라는 거야.

1 $\frac{1}{2}$
엄마가 어디론가 가버려도
다시 온다는 걸 배우는구나.
그게 믿음이라는 거야.

2
벌써 공중제비를 넘을 수 있니?

그래. 하지만 그렇게 네가
살아있다는 걸 느끼는 순간...

3
...언젠가는 죽는다는 것도 알게 될 거야.

4
하지만 그런 생각은 평소에는 거의 안 들어.
네 옆의 일들을 얼마든지 잊을 수 있단다.

4 ¾
어떤 맛들을 구별할 수 있게 됐니?

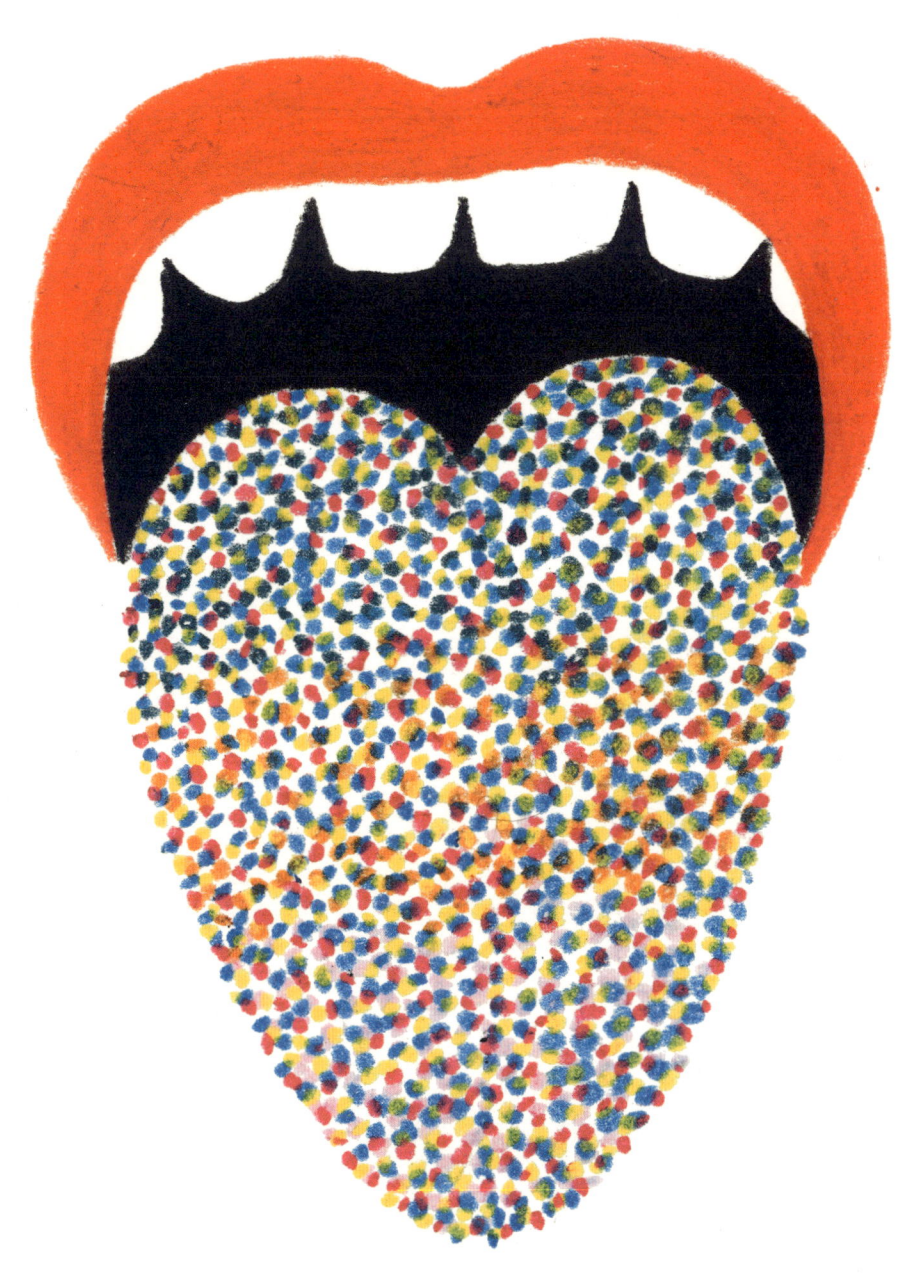

5
여자애와 남자애가 서로 사랑하게 된다는 것도
알게 될 거야. 세상에, 믿을 수가 없지?

6
일곱 시면 일어나야 한다는 걸 알게 되겠지.
이제는 학교에 다녀야 하니까.

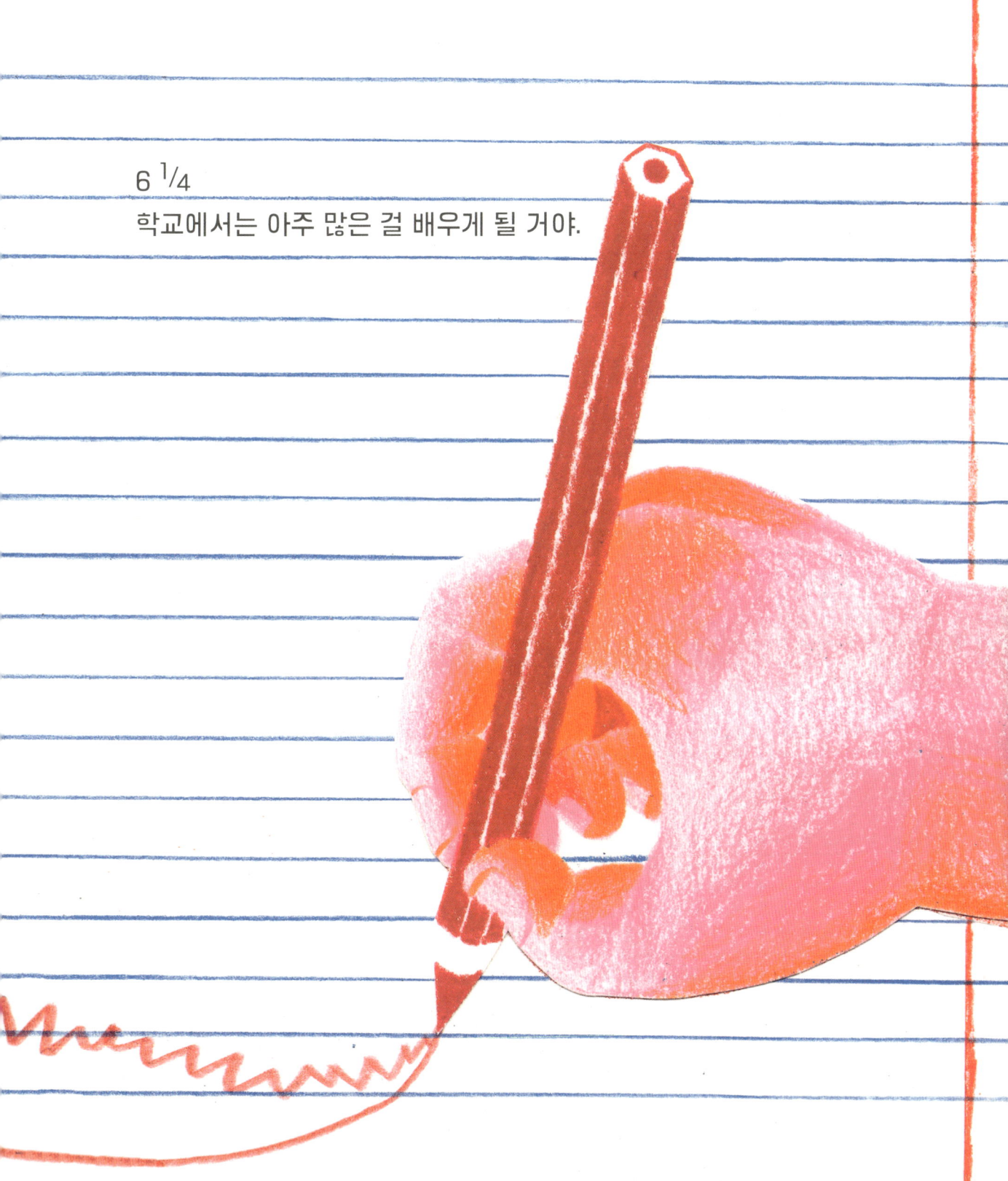

6 ¼
학교에서는 아주 많은 걸 배우게 될 거야.

7
세상은 너에게 정말 새로울 거야.
모든 걸 꼼꼼히 들여다보네.

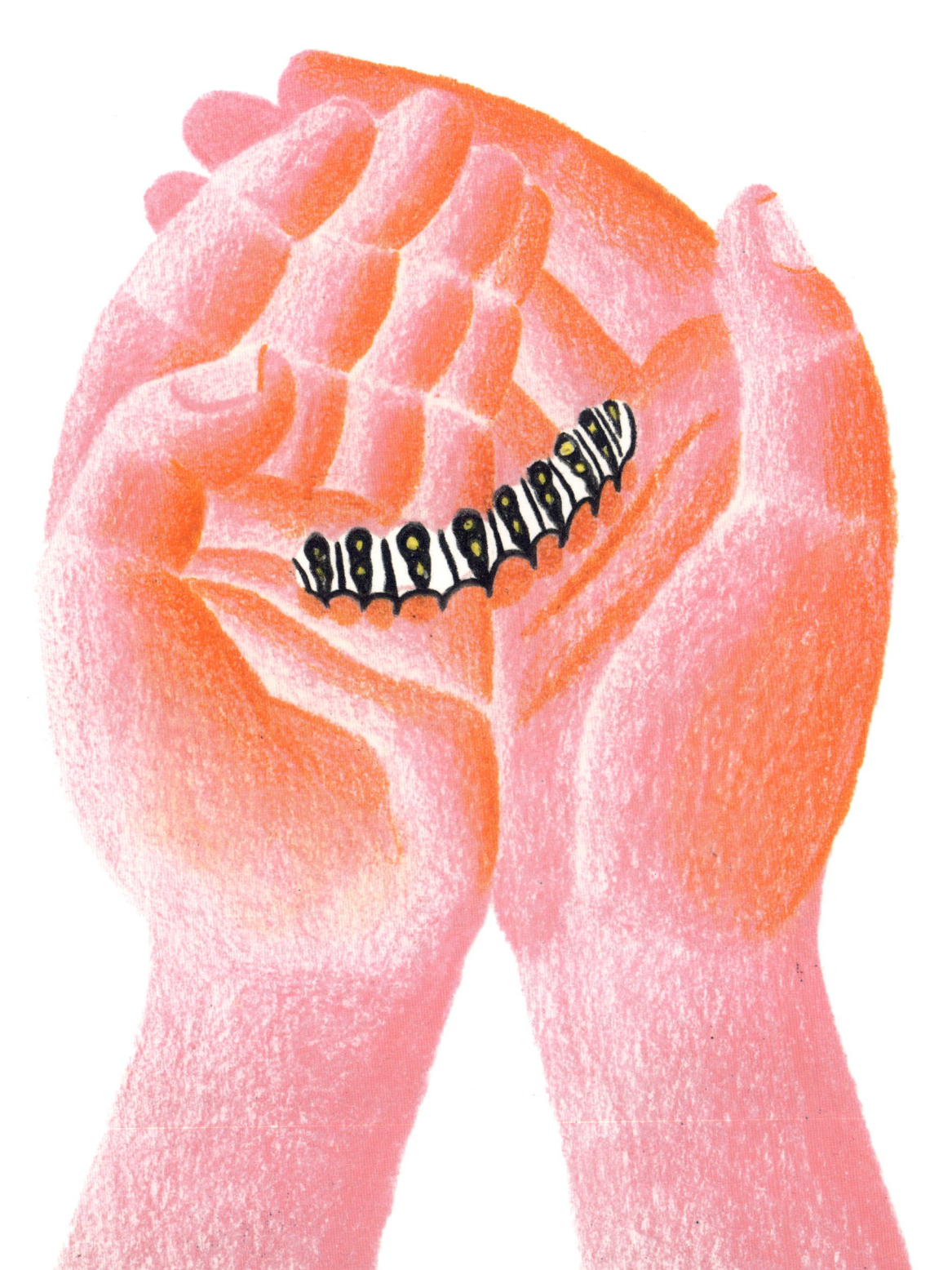

7 ¼
하지만 세상은 지루하다는 것도 배우게 될걸?

8
네 자신을 점점 더 믿게 되겠지.

8 ½
세상일을 모두 다 믿지도 않게 되고.

9

아메리카. 이탈리아. 베를린. 휘텐발트. 지중해.
스머티노제 섬. 카이저 빌헬름 섬.
군 굼파스. 틴타겔. 잉골슈타트. 북극.
세상은 얼마나 넓은지 몰라!

10
하지만 인간은 아우슈비츠라는 곳도
만들어냈지.

11
수많은 물고기들이 알을 낳으러
태어난 곳으로 돌아온다는 거, 알고 있었니?

12
벌써 엄마 아빠보다 잘할 수 있는
일들이 많아졌구나.

**13**
그런데 엄마 아빠는 대체 언제쯤에야 친구들 앞에서
널 '우리 귀여운 토끼'라고 부르지 않게 될까?

14
다른 애들과 똑같아지는 법 배우기.
(언제나 성공하는 건 아니지만 말이야.)

**15**
사람이 맨눈으로 볼 수 있는 가장 먼 천체는
안드로메다 은하라는 걸 배우는구나.
안드로메다는 삼십억 년쯤 후에
우리 은하와 충돌한다지.

16
하지만 그 전에 너는 키스하는 법을 배우게 된단다

17
믿을 수 없는 일이 일어난 거야. 네가 사랑에 빠지는 일이.

18
믿을 수 없는 일은 또 일어나. 갑자기 커피가 좋아지는 일이.

19
가끔은 네 자신이 싫어지기도 할 테고.
사람도 완전히 변할 수 있을까?

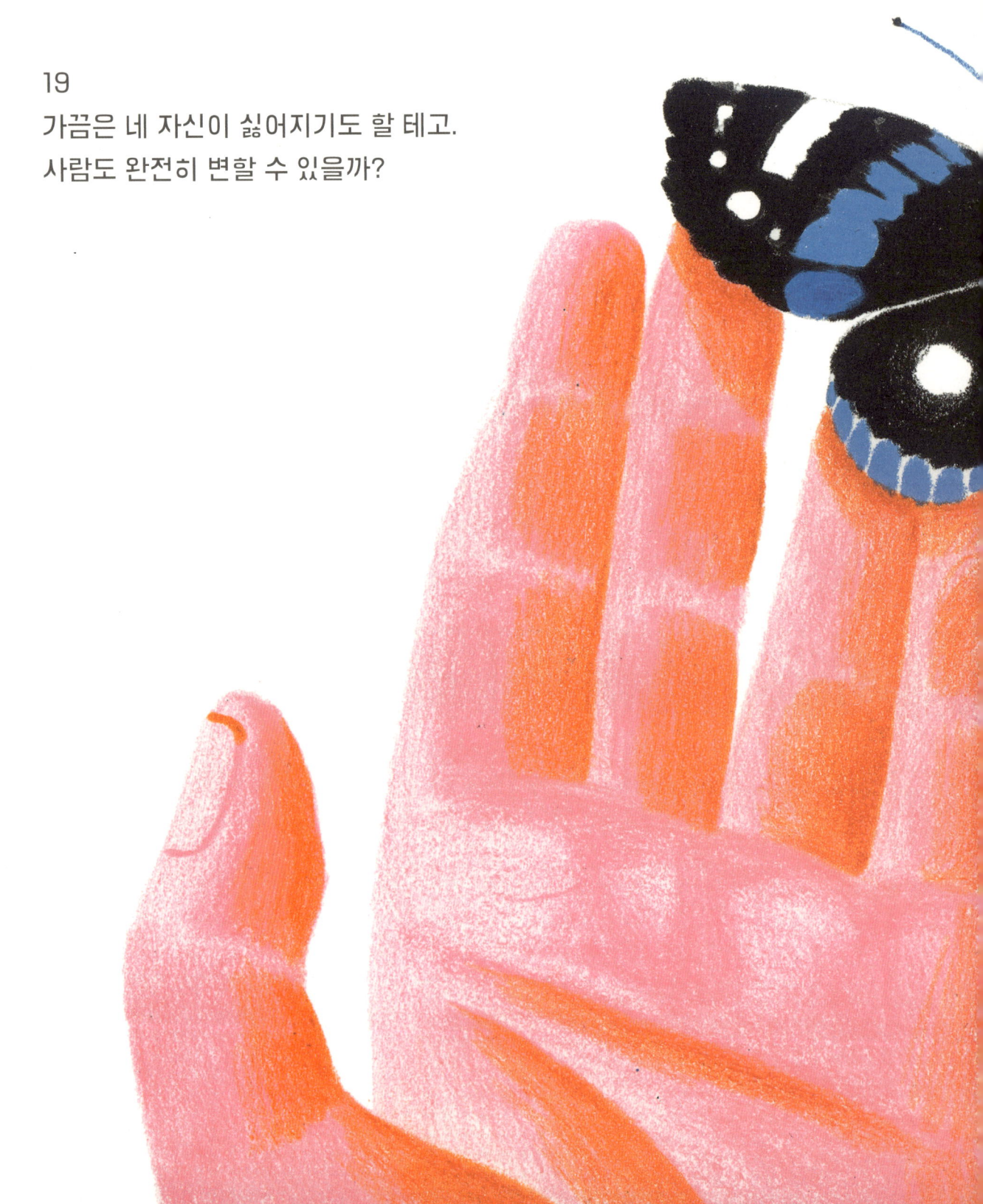

20
열다섯 살이었던 때가 언제였나 싶을 거야.
5년 전이 정말이지 아득한 옛날 같을 거야.

21
네가 어릴 때 쓰던 방이
얼마나 작은지, 놀랐지?

22
어딘가로 나아가고 싶다면
아무리 작은 발걸음이라도
깊이 생각해 보고 떼어야 해.

23
생전 처음, 너는 다른 이에게
너에 대해 뭐든 털어놓게 돼.

24
누군가와 이토록 가까운 적은 없었을 거야.

25
너희는 영원히 함께 있고 싶어하겠지.

26
아니면 안 그러는 게 낫겠다고 생각할까?

27
그럴 땐 엄마라도 무슨 말을 해줘야 좋을지 몰라.

28
그 애는 직접 만든 나무딸기 잼을
너에게 작별선물로 주었지.

29
미처 배우지 못한 한 가지.
토요일 저녁에 혼자 집에 있으면서
우울해지지 않는 법.

30
행복이란 상대적이라는 걸 배웠지?

31
그건 아주 좋을 때와 아주 나쁠 때
그 두 경우 가운데쯤에서 가장 잘 자란단다.

32
아이를 가졌니?

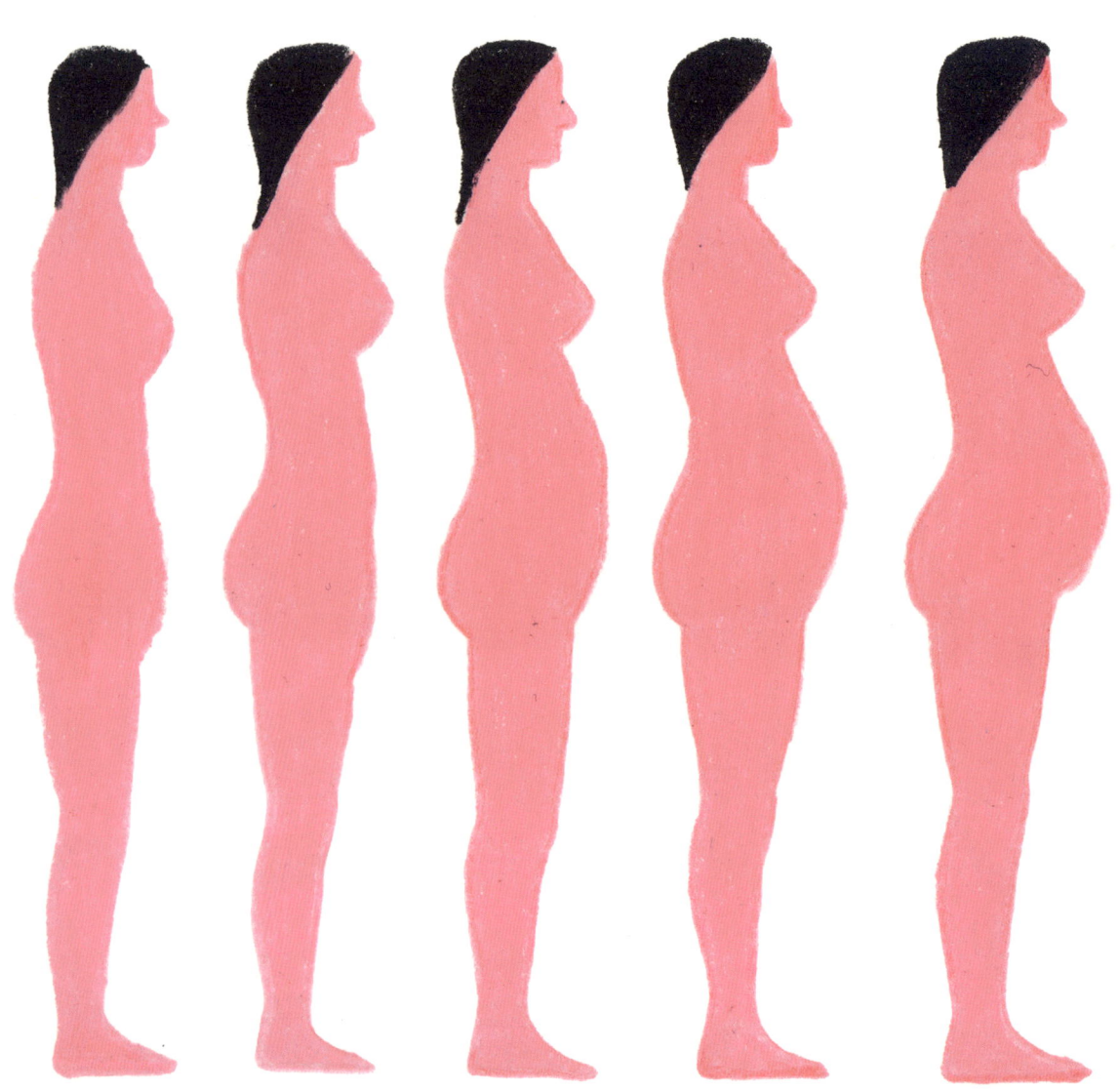

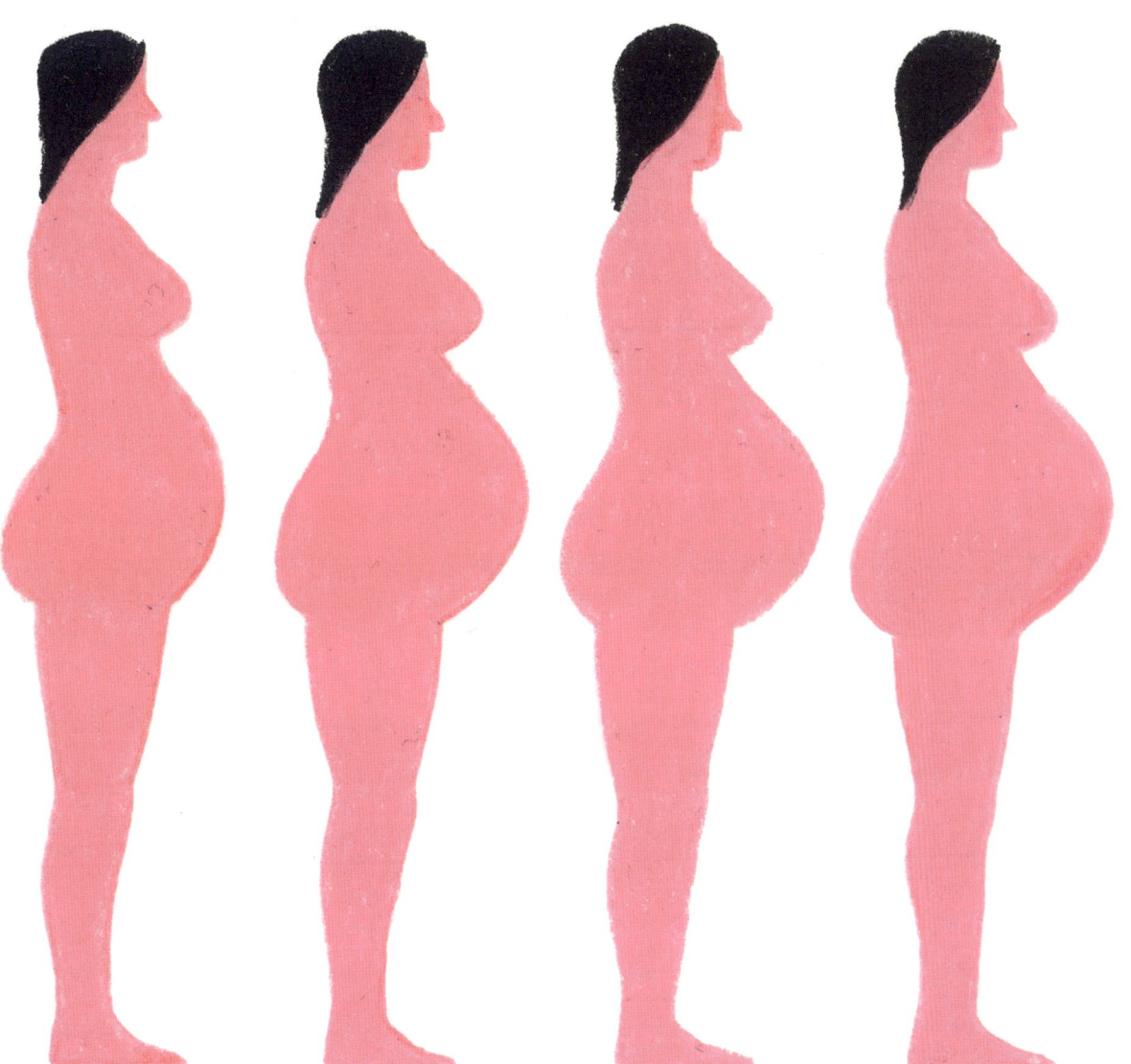

33
잠이 모자라도 버티는 법을
배우게 될 거야.

34
이제 어른이 된 거지.

35
아직은 아닌지도 몰라.

36
꿈 하나가 이루어졌네.
하지만 생각했던 것과는 좀 다를 거야.

37
그래서 가끔 철없는 짓도 하지.

38
세상은 정말 희한해! 뉴멕시코 사막에는
'번개 밭'이라는 곳이 있대.
강철 막대가 하늘의 번개를 끌어당기는 곳.

39
누군가를 이토록 사랑한 적은 한 번도 없었을 거야.

누군가를 이토록 걱정한 적도 한 번도 없었을 거고.

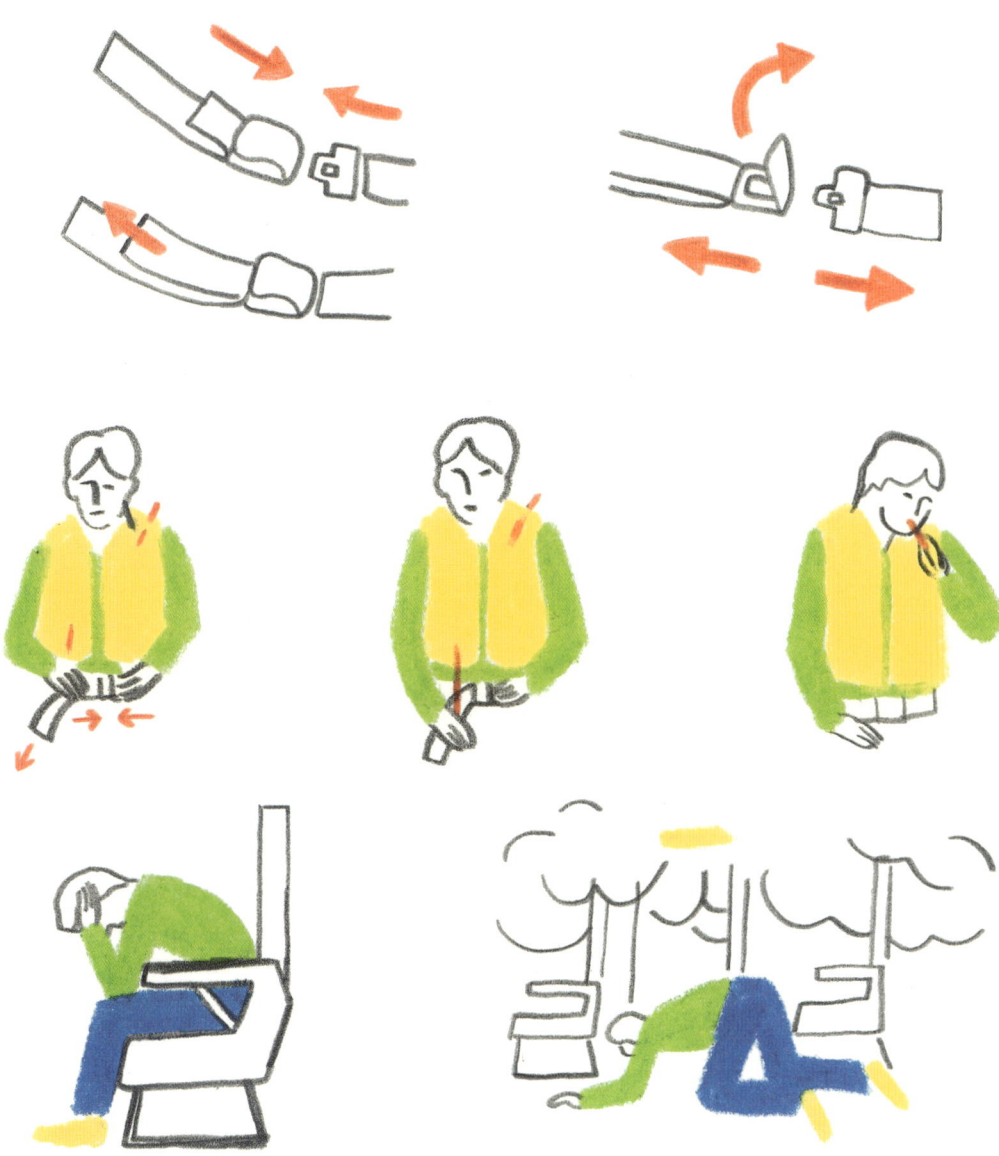

41
산다는 건 정말 스트레스 넘치는 일이지.

42
덕분에 이제 네가 직접 나무딸기 잼을
만들 수 있게 됐잖아.

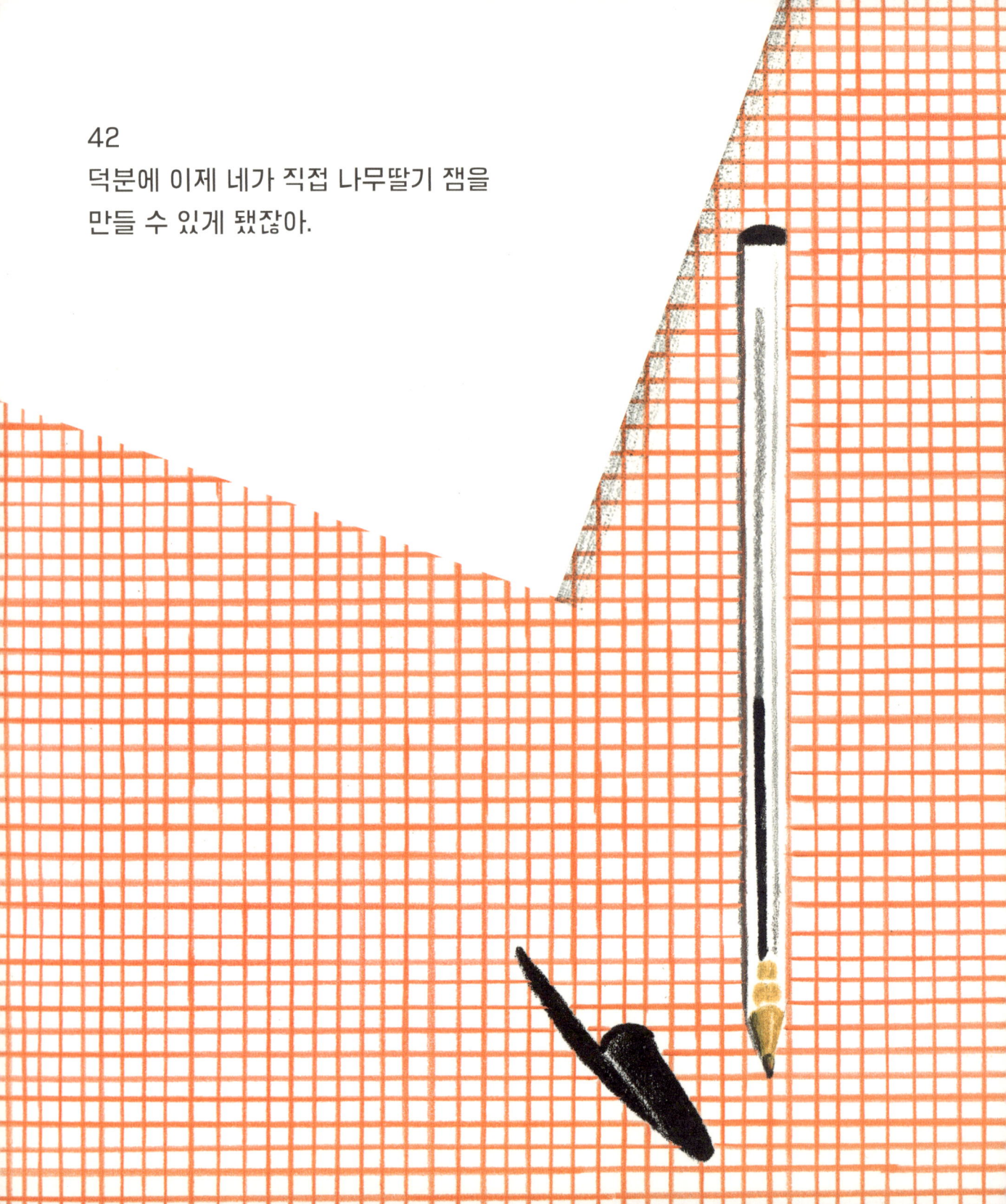

43
혼자만의 시간을 갖는 법도 배웠고.

44
발가락에 주름이 잡혔네.

45
지금 그대로의 네 모습을 좋아하니?

누군가를 떠나보내는 게 어떤 기분인지
이제야 진짜로 배우고 있구나.

48
그런 뒤에 행복을 느끼기도 하고.

49
밤새 한 번도 깨지 않고 잔다는 게
얼마나 호사를 누리는 일인지도 배울 거야.

50
인생에는 두 가지 큰 힘이 있어.
누군가 너를 끌어주고 있니?
누군가 너를 밀어주고 있니?

51
이제는 부모님을 있는 그대로 받아들이는구나.

이루지 못한 꿈도 많지만…

53
괜찮아. 작은 것에도 행복할 수 있다는 걸 배웠으니까.

54
물론 큰 것에도.

55
큰 것들을 제대로 알아보려면
새로운 각도에서 보아야 해.

56
이제는 세상에 무심해졌구나.
달 한번 제대로 올려다보질 않네.

57
달이 백 년에 딱 한 번 뜬다고 생각해 봐.
그걸 보는 게 얼마나 굉장한 일이겠어!

58
다른 사람들과 사이좋게 지내는 일이
너무 어려워. 어쩌다 이렇게 된 걸까.

**59**
세상은 정말 희한해. 알프스 어떤 저수지에는
교회 첨탑만 삐죽 솟아 있다니까.

60
너도 이제 예순이구나.
하지만 어릴 때 보았던 60대 할머니가
네 자신이라는 생각은 전혀 안 들지?

**61**
코가 점점 커져 가고, 귀도 그렇게 돼.

62
자기가 악당이라고 생각하는 사람은 아무도 없어.

64
뭔가가 너를 떠나왔던 곳으로 끌어당기지...

65
...그건, 말하자면 고향일까?

67
너는 어쩌면 세상을 발견할지도 몰라.

68
어쩌면 너만의 정원을 발견할 수도 있어.

70
네 자신에 대해서 아는 게 별로 없지? 생전 처음 해본 일이 아주 마음에 든다는 것도 이제야 알았을 거야.

71
모든 일이 힘겨운 때가 있겠지.

72
그러다 모든 일이 가뿐해지는 때도 있고.

73
사는 동안 뭔가 다른 일을 해봤더라면 싶은 게 있니?

74
어쩌면 생전 처음으로 나랑 딱 어울리는 사람을 만날 수도 있어.

75
이제는 놓는 법도 배워야 해. 아직 공중제비를 넘을 수 있니?

너는 자연 속으로 들어가는 걸 정말 좋아했지.

78
새로운 기계 사용법을 배울 수도 있어.

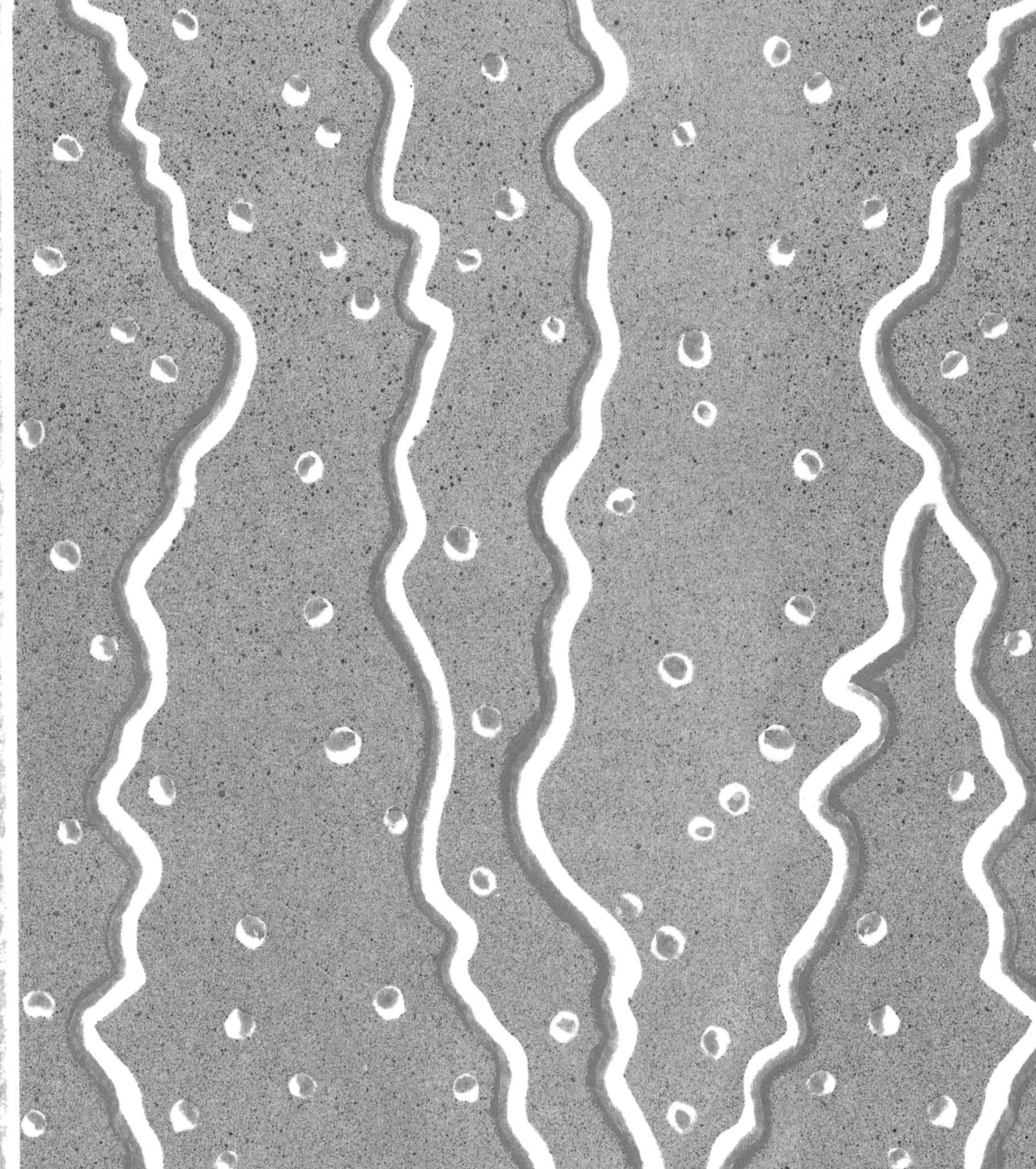

79
아직 운전을 하니?

**80**
마침내 때가 되었다는 걸 느끼는 순간,
너는 지금 이 순간을 훨씬 충실히 살 수 있어.

**81**
이제는 나이를 한 해 한 해 세는 게 아니라
행복하게 보내는 순간 순간을 세고 있다고?

82
뭘 하든 시간은 전보다 곱절이 들지.

84
정신 차릴 틈 없이
흘러가기도 하고.

86
눈 잠깐 돌린 사이에 모든 것이 달라져 있어.

87
어쩌면 같이 사는 사람이 몸져누울지도 몰라.

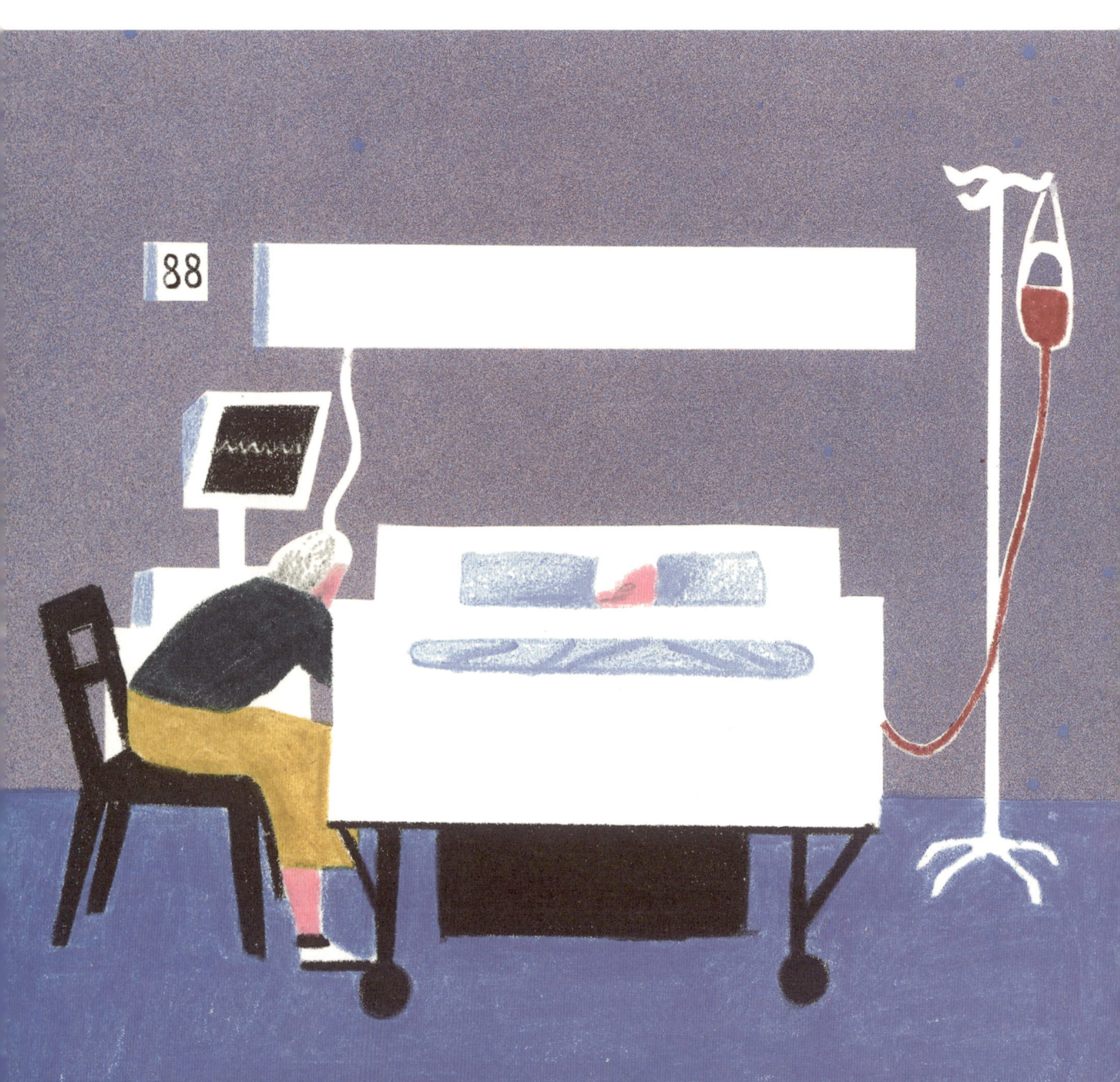

89
정말 힘든 일이지.

90
인생은 뒤죽박죽이야.

91
오랜 친구가 있다는 게 얼마나 좋은 일인지.

92
죽음? 그래! 오고 있어.

**94**
빈 나무딸기 잼 병을 지하실로
가져다 놓으면서 너는 생각하지.
누가 알겠어, 이게 또 필요할지?

95
그러면서 너는 다시
나무딸기 잼을 만드는구나.

96
그리고 다시 봄.

97
사람들이 온갖 질문을 퍼붓지.
인생이 네게 무엇을 가르쳐주었냐는 거야.

98
그러면 종종 예전의
어린 시절로 되돌아갈 거야.

99
살면서 무엇을 배웠을까?

## 작가의 말

이 책의 아이디어는 갓 태어난 내 조카를 보았을 때 떠올랐습니다. 그 애는 미라처럼 천에 돌돌 싸여서 침대에 누운 채 빛나는 눈으로 세상을 보고 있었지요. 네 앞에는 얼마나 기묘한 여행이 기다리고 있을까, 하고 나는 생각했습니다. 그 앞에 펼쳐질 굉장한 일들을 생각하니 반은 부러운 마음이었지만, 또한 그 애가 겪어야 할 고통스러운 일들 때문에 마음의 반은 아프기도 했습니다.

그 순간 밖에서 자동차 한 대가 지나갔습니다.

아기는 머리를 움직여 그 시끄러운 소리를 따라가려고 애썼습니다. 그게 자기에게는 아무 의미가 없는 소리라는 걸 아직 모르는 거였지요.

몇 주 지난 뒤 다시 만난 조카는, 벌써 자동차 소리에는 반응을 보이지 않았습니다. 어떤 자극에 놀라고, 그게 뭔지 평가하고, 받아들일지 말지 분류하는 일이 되풀이되는 동안 그 자극에 휘둘리지 않는 법을 배운 거지요. 그렇게 해서 우리는 언젠가는 예쁜 돌멩이가 보일 때마다 멈춰서거나 웅덩이를 만날 때마다 뛰어넘거나 하지 않고 여기에서 저기까지 곧장 갈 수 있게 됩니다. 그리고 언젠가 어른이 되면 세상일에 너무 익숙해져서, 큰 산이라든지 보름달이라든지 다른 사람의 사랑 같은 걸 당연히 여기게 됩니다. 그런 것들의 위대함을 다시 볼 수 있으려면 우리는 새로운 눈으로 보는 법을 배워야 합니다. 그래서 이 책에는 여러 입장들이 들어 있습니다. 삶이 흐르는 동안 세상을 받아들이는 눈이 얼마나 달라지는지를 보여주는 입장들 말이에요.

여기에는 제가 아직 겪어보지 못한 일들이 많습니다. 그래서 저는 다른 사람들에게

물었지요. 살면서 뭘 배웠는지를요. 초등학생들과도, 아흔 살 할머니와도 이야기를 나눴습니다. 명망 있는 사람들과도, 명망을 잃은 사람들과도 만났습니다. 구동독의 기업책임자였던 남자와 시골마을의 큰 집 정원에서 이야기를 나누고, 시리아 난민 가족들과 이스탄불 지하방 콘크리트 바닥에 앉아 이야기를 나누었습니다. 그 모든 사람들에게 던진 질문은 언제나 이것이었습니다. 살면서 무엇을 배우셨나요?

예를 들면 스물두 살에는요, 뭔가 위대한 걸 성취하려면 그 일에 꼭 필요한 아주 작은 일부터 깊이 생각해야 한다는 것을 배울 수 있습니다. 나이지리아 라고스에서 온 고등학교 졸업반 학생 하나가 그렇게 말했지요. 그는 학교 다닐 때 성적이 형편없었답니다. 하지만 그 사실을 배우고 난 뒤 나이지리아에서 전국 최고 성적을 올릴 수 있었다는군요.

운명적 사건을 겪었던 사람들은 자신이 얼마나 강한지를 깨닫고 놀랐다는 말을 종종 했습니다. 이스탄불에서 만났던 시리아 출신 여섯 아이 엄마는, 세상에 가난한 사람들을 위한 자리는 없다는 것을 배웠다고 말했습니다. 하지만 그래도 인생은 아름다우며, 우리는 그것을 즐길 줄 알아야 한다는 말도 했습니다. 저는 이런 모순에 종종 맞닥뜨렸습니다. 어려운 시절을 견딘 사람이 선한 것을 더 소중히 여긴다는 것을 말이에요. 별 어려움 없이 살아온 사람들은 인생에 대해 기뻐하는 일을 더 힘들어 하더군요. 그러고 보면 삶은 꽤 공정한 셈입니다. 행복은 상대적인 거예요. 이 책의 30세와 31세 부분은 이런 생각에서 나온 장면입니다.

어쩌면 그래서 중년층이 작은 일에도 훨씬 감사하는지 모르겠습니다. 멋진 풍경을 보며

마시는 커피 한 잔(53세)이나 한 번도 안 깨고 깊이 자는 일(49세) 같은 것에요. 40세 전후의 사람들은 거의 모두 그런 말을 했습니다. 하룻밤 푹 잠드는 게 정말 행복하다는 거예요.

노년층이요? 물론 나이 들면서 한계를 받아들여야 한다는 걸 배우지요. 하지만 제 대화 상대들은 아주 새로운 경험을 이야기해주었습니다. 아까 언급했던 구동독 기업가는 예전 삶을 완전히 벗어버리고 더 대담하게 살기로 했습니다. 그래서 오늘날 (나이 70에도) 새로운 일들을 많이 시도한다고 하더군요. 오버바이에른 출신 교사였던 할머니는 74세가 되어서야 자기에게 진짜로 어울리는 사람을 찾았다고 했습니다. 베를린의 화가는 남편이 치매에 걸렸던 때를 이야기해주었습니다. 그래도 그녀는 새로운 것을 배웠다고 했습니다. 남편을 돌보아준 이들은 그 부부가 살면서 전혀 상대할 일이 없던 부류의 사람들이었습니다. 하지만 그들과 많은 시간을 보내고 보니, 그들이 얼마나 지혜로운지를 알 수 있었다는 것이었습니다. 그 나이에 인간관이 완전히 바뀌었다고 그녀는 말했습니다.

하지만 사람이 살면서 겪는 그 모든 일에도 불구하고, 변치 않는 것도 있습니다. 나는 이런 생각을, 런던에서 94세 작가와 이야기를 나누며 하게 됐습니다. 그녀는 세계적으로 사랑받는 동화를 쓴 작가입니다. 그런데 살면서 무엇을 배웠느냐는 내 질문에, 대답은 이랬습니다.

"나는 종종 내가 옛날의 그 어린 여자 아이라는 기분이 들어요. 살면서 뭔가를 도대체 배우기는 했는지, 그런 질문을 내 자신에게 던진답니다."

나는 이 두 문장을 거의 그대로 책에 옮겼습니다.

나를 가장 놀라게 했던 일은, 내가 대화를 나누었던 노년층 가운데 죽음을 두려워하는 사람은 아무도 없었다는 것이었습니다. 어느 봄날 자그만 주말 농장에 아내와 함께 앉아 있던 아주 나이 많은 노인이 정말 멋지게 정리해주었지요.

"해마다 빈 잼 병을 지하실에 가져다 놓으면서 이렇게 생각해요. 내년에 또 쓰게 될지 혹시 알아?"

잠시 시간이 흐르고.

"그리고 그 다음 해에 나는 또 나무딸기 잼을 만들지요."

이 일화는 94세와 95세 장면에 쓰였습니다. 그리고 나무딸기 잼 모티프는 이 책 전체에 고루 들어갔습니다.

인생체험에 관해서는 한 가지 문제가 있습니다. 삶을 정말이지 갖가지 경험으로 가득 채우지 않는다면 이 말은 공허해질 뿐이라는 거지요. 그 채움의 방법 중 하나는 이 책을 삶의 경험이 많은 다른 사람들과 함께 읽으면서 이 글들이 각자의 삶에 어떤 의미를 주는지 이야기를 나누는 일입니다. 어쩌면 잠들기 전 저녁에 부모나 조부모와 함께 앉아 그런 대화를 할 수도 있을 거예요. 뭐, 최소한 제 꿈은 그렇다는 거죠.

하이케 팔러

### 하이케 팔러

인생의 (아마도) 중간쯤 와 있다고 생각합니다. 잡지 〈디 차이트〉의 편집자입니다.
이 책을 조카인 파울라와 로타에게 바칩니다. 이 아이들은 태어났을 때
책의 아이디어를 떠올리게 해주었고, 몇 년 뒤 글을 쓸 때 많이 도와주었습니다.

### 발레리오 비달리

이탈리아 일러스트레이터입니다. 지금은 베를린에 살고 있습니다.
하이케보다는 젊지만 그녀의 조카들보다는 나이가 많습니다.
이 책으로 상을 받게 될 것만 같아요.

### 김서정

(하이케의 조카딸까지 포함해서) 다섯 중에 필시 가장 나이가 많을 것 같습니다.
하이케가 작가의 말 말미에 쓴 희망사항을 실천해보고 싶습니다.
친구들과 모여앉아 이런 나이 배움 글을 쓰는 거 말이에요.

---

**100 인생 그림책**

2019년 2월 22일 1판 1쇄 | 2025년 11월 20일 1판 25쇄

글:하이케 팔러 그림:발레리오 비달리 옮김:김서정 편집:김진, 이지연, 김재아 디자인:권소연 표지 손글씨:김중석
제작:박홍기 마케팅:이장열, 장현아 홍보:조민희 인쇄:㈜로얄프로세스 제책:책다움
펴낸이:강맑실 펴낸곳:(주)사계절출판사 등록:제406-2003-034호 주소:(우)10881 경기도 파주시 회동길 252
전화:031)955-8588, 8558 전송:마케팅부 031)955-8595 편집부 031)955-8596 홈페이지:www.sakyejul.net
전자우편:picturebook@sakyejul.com 블로그:blog.naver.com/skjmail 페이스북:facebook.com/sakyejulpicture
트위터:twitter.com/sakyejul 인스타그램:sakyejul_picturebook
ISBN 979-11-6094-442-6 03850

***Hundert: Was du im Leben lernen wirst* by Heike Faller and Valerio Vidali**
ⓒ 2018 by Kein&Aber AG Zurich-Berlin
Korean Translation Copyright ⓒ 2019 by Sakyejul Co., Ltd. All rights reserved.
The Korean language edition published by arrangement with Kein&Aber AG through MOMO Agency, Seoul.

이 책의 한국어판 저작권은 모모 에이전시를 통해 Kein&Aber AG 사와 독점 계약한 ㈜사계절출판사에 있습니다.
저작권법에 의해 한국 내에서 보호를 받는 저작물이므로 무단전재와 복제를 금합니다.